BREZILA.

IMPRIMERIE DE PIHAN DELAFOREST (MORINVAL),
RUE DES BONS-ENFANS, N°. 34.

BREZILA

ou

LA TRIBU DES FEMMES,

BALLET EN UN ACTE,

Par M. Taglioni,

MUSIQUE DE M. LE COMTE DE GALLENBERG;

REPRÉSENTÉ POUR LA PREMIÈRE FOIS
SUR LE THÉATRE DE L'ACADÉMIE ROYALE DE MUSIQUE,
LE 8 AVRIL 1835.

Paris,
CHEZ L'ÉDITEUR, RUE GRANGE-BATELIÈRE, N°. 22.
A LA LIBRAIRIE CENTRALE,
Rue des Filles-Saint-Thomas, n°. 5, place de la Bourse.

1835.

La Décoration de MM. Philastre et Cambon.

Danse.

SUITE DE BREZILA.

Mmes. Perés, Marlvin, Albertine, Maria, Guichard, Fitzjames 2e., Joséphine, Fitzjames 3e., Caroline Baptiste, Virginie, Popelin.

SUITE DE LA REINE.

Mmes. Leclere, Lemonnier, Delaquit, Robin, Pierson, Coupone, Lacroix, Beaupré, Pujol, Welch, Guillemin, Duménil 1re., Jouve, Colson, Jomard, Letaillis, Duc, Frood, Célarius, Carrez, Duménil 2e., Campan, Bassompière, Guerpont.

PAS DE QUATRE.

Mmes. Alexis, Leroux, Duvernay, Fitzjames.

PAS SEUL.

Mlle. Taglioni.

LUTTE.

L'ADRESSE, L'AGILITÉ ET LA GRACE.

Mmes. Taglioni, Alexis, Leroux, Duvernay.

Personnages.   Acteurs.

ZAMORE. . . . . M. MAZILLIER.
BREZILA. . . . . Mlle. TAGLIONI.
LA REINE. . . . . Mlle. LEGALLOIS.
MÉLOÉ. . . . . Mlle. LEROUX.
MAZILA. . . . . Mlle. DUVERNAY.
ZILIA. . . . . Mme. ALEXIS-DUPONT.
ALZIRE. . . . . Mlle. FITZJAMES.
DARINA. . . . . Mlle. BENARD.
ZELPHA. . . . . Mlle. FORSTER.

LA SCÈNE SE PASSE EN AMÉRIQUE.

Brezila

ou

LA TRIBU DES FEMMES.

Le théâtre représente une forêt de l'Amérique; à travers les arbres on voit dans le lointain des montagnes élevées. A droite est une chaîne de rochers dont la hauteur inaccessible forme un rempart qui défend cette forêt de toute communication extérieure.
Des hamacs sont suspendus aux arbres.

SCÈNE PREMIÈRE.

Le jour naît : aux premières clartés de l'aurore on aperçoit un jeune Américain qui, au risque de sa vie, a escaladé les rochers. Son air surpris, ses regards inquiets annoncent que ces lieux sont nouveaux pour lui; son étonnement redouble à la vue de ces hamacs balancés par le vent et qui indiquent que ce site sauvage est habité. Il ne peut résister au désir de visiter cette peuplade inconnue, et malgré les dangers de l'entreprise, il descend jusqu'à terre en se suspendant aux lianes qui garnissent les rochers. Pas le plus léger bruit; lui seul est éveillé dans la nature. Il n'avance qu'avec la plus grande précaution comme s'il craignait de réveiller les habitans de cette forêt qu'il brûle pourtant de connaître.

Il voit avec joie que ces lits aériens ne sont occupés que par des femmes; puis s'abandonnant à une branche flexible d'un arbre sur lequel il est monté, il se trouve à portée d'un hamac; il admire avec extase la beauté qui y repose; et dans son ravissement il lui donne un baiser.

SCÈNE II.

Brezila se réveille; elle porte la main à son front comme pour en chasser le sommeil et saisir l'objet qui l'a touchée. Effrayé de son imprudence, Zamore saute légèrement à terre et se cache sous le hamac, épiant tous les mouvemens de Brezila qui cherche à s'expliquer la douce pression

qu'elle a sentie ; cependant ce n'est point un rêve ;
son trouble le lui dit ; elle détache de son hamac
sa trompe marine et réveille ses compagnes.

SCÈNE III.

Zamore, surpris par cette alerte, cherche des
yeux avec inquiétude une retraite où se réfugier ;
il aperçoit dans un rocher voisin une assez large
crevasse, à moitié cachée par un buisson d'her-
bes sauvages ; il s'y glisse furtivement et se trouve à même de tout voir sans être vu.

SCÈNE IV.

Aux premiers sons de la trompe, toutes les
jeunes femmes s'élancent de leurs hamacs ; les
unes entourent Brezila et l'interrogent ; les autres
se pressent autour d'un hamac remarquable par
sa richesse, c'est celui de la Reine. Elle en descend
et questionne à son tour Brezila sur le motif d'un
réveil si matinal et si brusque. Brezila explique
ce qu'elle a éprouvé ; ses compagnes doutent encore ; mais la Reine, qui ne partage pas l'incrédu-
lité générale, ordonne une battue dans toute la
forêt.

Elle indique à chacune la marche qu'elle doit suivre et se met elle-même à la tête de ses femmes. Quant à Brezila, elle restera en observation dans ces lieux avec une de ses compagnes. Brezila, montrant son arc et ses flèches, fait entendre qu'elle ne craint point de rester seule.

De l'autre côté, Méloé fait comprendre aux femmes qui doivent la suivre le plaisir qu'elle aurait à découvrir l'audacieux qui aurait pénétré dans leur retraite.

Divisées en plusieurs bandes, elles s'éloignent de différens côtés.

SCÈNE V.

Brezila paraît toujours préoccupée de la même idée; elle bondit en tous sens, l'oreille et l'œil attentifs. Le silence règne partout. Persuadée qu'elle est seule, pour se distraire de l'ennui de sa faction, elle cueille des fleurs, les attache à sa ceinture et se livre au plaisir de la danse. Zamore, enivré d'amour à la vue de tant de charmes et de grâce, se hasarde à sortir un peu de sa cachette; un mouvement rapide de Brezila l'oblige à y rentrer : cette retraite précipitée agite les branches du buisson. Brezila ne l'a point vu, et pensant qu'il faut attribuer la cause du bruit à quelque bête sauvage qui se sera réfugiée sous cet abri, elle tend son arc et va décocher une flèche lorsque Zamore se présente à elle.

SCÈNE VI.

Brezila recule effrayée de cette apparition subite. Elle se rassure bientôt, rappelle ses souvenirs et s'explique le baiser déposé sur son front. La douce figure de ce jeune étranger l'intéresse; ses craintes se dissipent; elle s'approche de Zamore, lui demande quel motif l'a amené dans ces lieux et par quels moyens il a pu y parvenir. Zamore lui raconte ses excursions sur les rochers, le désir de visiter cette charmante colonie qu'il avait aperçue de la cime de ces rochers élevés, le bonheur qui l'a récompensé de tous ses dangers lorsqu'il a pu admirer Brezila dans son sommeil et déposer un baiser sur son front. Zamore s'arrête, Brezila est devenue rêveuse. Un sentiment inconnu l'agite; ses yeux trahissent le secret de son cœur.

Zamore lui demande quelle est cette aimable peuplade? Vos plus cruels ennemis, répond-elle! La mort vous menace ici! Zamore sourit et ne peut croire à tant de cruauté.

Brezila, qui tremble pour lui, cherche en vain à le persuader; Zamore, toujours incrédule, la supplie d'écouter son amour. Pour le convaincre du danger qu'il court, Brezila lève une pierre qui découvre une urne cachée au milieu d'un buisson, elle en tire une feuille de papyrus qu'elle présente à Zamore; on y lit ces mots : *haine éternelle aux hommes;* c'est la loi du pays. Zamore demande quels motifs ont pu inspirer de tels sentimens? Je l'ignore, dit Brezila, telle est la volonté de la Reine, et nous avons dû nous y soumettre; mais je vous ai vu et j'oublie mon serment.

Un bruit lointain se fait entendre.

Voici la Reine et mes compagnes, s'écrie-t-elle avec terreur ! Si l'on nous découvre, c'est fait de nous! Zamore aurait honte de céder la place à de pareils ennemis. Elles vous tueront, dit Brezila : fuyez, je vous en conjure !

Vaincu par ces prières, Zamore rentre dans sa retraite; il y est à peine caché, que les femmes accourent de toutes parts.

SCÈNE VII.

Méloé, plus légère que les autres, les avait devancées, et, sans avoir été aperçue, avait vu de loin un objet inconnu s'abriter dans la fente d'un rocher. Cette vue excite en elle un vif sentiment de curiosité dont elle n'est point maîtresse.

Croyant n'avoir été observée de personne, Brezila court au-devant de ses compagnes et leur demande le résultat de leur excursion.

Elles répondent qu'elles n'ont rien trouvé.

Méloé a toujours les yeux fixés sur le rocher, mais ne voyant rien, elle finit par croire qu'elle s'est trompée.

Brezila, pour ôter tout soupçon, dit qu'elle avait sans doute rêvé. La Reine qui le pense comme elle lui accorde la grâce qu'elle implore.

La Reine engage Brezila et ses compagnes à reprendre leurs plaisirs habituels : les unes courent dans la forêt, les autres dansent ; quelques-unes jouent pendant que la Reine prend son repas du matin.

Au milieu de la danse, les fleurs se détachent de la ceinture de Brezila et tombent près de la cachette de Zamore, vers qui Brezila porte toujours les yeux en lui recommandant de ne point se montrer. Ces signes d'intelligence n'échappent point à Méloé dont la jalousie commence à s'éveiller.

Cependant il faut éloigner ces témoins importuus et faciliter la fuite de Zamore. Tel est le sujet des méditations de Brezila.

Soudain la Reine propose une chasse. Son arc en doit être le prix. C'est une joie générale à laquelle Brezila prend part.

Elle pense qu'à la faveur du tumulte elle pourra revenir pour protéger la retraite de Zamore.

Après une danse chasseresse conduite par Brezila, la Reine et les jeunes femmes s'élancent dans l'épaisseur de la forêt.

SCÈNE VIII.

Zamore quitte sa cachette ; il exprime l'amour qu'il ressent pour Brezila.

Tantôt c'est un arbre, tantôt c'est un rocher qui le dérobent aux regards des chasseresses qui bondissent dans la forêt et sur les rochers. Méloé revient sur ses pas et court à la cachette : elle est surprise de n'y trouver personne, et se dispose à chercher. Zamore qu'un rocher dérobe à sa vue, témoigne son inquiétude.

Mais les chasseresses se rapprochent, et Méloé, forcée de renoncer pour le moment à son projet, se promet de revenir bientôt, et retourne à la chasse pour ne pas éveiller les soupçons.

Le bruit de la chasse s'éloigne ; Zamore reconnaît les fleurs que Brezila a laissé tomber, les ramasse et les couvre de baisers.

SCÈNE IX.

Brezila arrive par les montagnes du fond, en regardant de tous côtés si elle n'est point suivie ; elle est heureuse de voir Zamore qui presse sur son cœur les fleurs qu'elle a perdues ; elle monte sur les rochers pour l'observer de plus près et se penche au dessus de la tête de Zamore ; le jeune Américain l'aperçoit, court vers elle et la rejoint bientôt.

Scène mimique et dansante : au moment où il croit avoir fléchi Brezila, faisant un effort sur elle-même et commandant à sa tendresse, elle lui montre les rochers et lui ordonne de s'éloigner. Eh! bien! puisque tu le veux, dit Zamore, avoue-moi que tu m'aimes, et je pars.

SCÈNE X.

Cependant Méloé, qui a remarqué que Brezila a quitté la chasse, accourt pour la surprendre et se trouve témoin de leurs dernières protestations d'amour. Jalouse du bonheur de Brezila, elle voudrait se venger en la frappant elle ou son amant. Une flèche est déjà sur son arc, mais voyant que Zamore se dispose à partir, elle change de projet et donne un signal avec sa trompe.

Zamore, après avoir reçu les adieux de Brezila, gravit les rochers à l'aide des lianes qui pendent de toutes parts ; soudain et de tous les côtés à-la-fois paraissent les chasseresses ; la retraite lui est coupée ; il se trouve entouré de femmes dont une partie se place entre lui et le dernier sentier qui lui reste à franchir pour arriver au sommet des rochers et en gagner le revers.

Brezila ne dissimule plus sa douleur.

La Reine arrive avec le reste des chasseresses et demande la cause de cette nouvelle alerte. Méloé lui montre Zamore à qui elle fait signe de descendre.

La Reine accable Brezila de reproches et lui demande ce qu'elle a fait de son serment.

Ne recevant point de réponse, c'est moi, dit-elle, qui vais faire ton devoir! Que l'on apprête son supplice.

Brezila la conjure de faire grâce! La Reine, pour toute réponse, lui montre le tombeau d'où Brezila avait tiré la feuille de papyrus qu'elle avait déployée devant Zamore. C'est le tombeau de mon époux, dit-elle ! la tribu à laquelle appartient cet homme l'a assassiné. Une haine éternelle pour tous les hommes est la seule vengeance que j'aie pu lui promettre, et moi, je ne veux point manquer à mon serment.

Méloé semble partager sa fureur, mais c'est un intérêt personnel que couvre le prétexte d'une vengeance plus cruelle.

C'est trop peu que la mort, dit-elle ; il faut un supplice de chaque jour ; qu'il soit notre esclave, soumis à toutes les humiliations.

La reine veut la mort, les jeunes femmes partagent l'opinion de Méloé. La Reine cède enfin, mais à qui la garde de cet esclave sera-t-elle confiée ?

Méloé fait valoir ses droits : sans elle, sans l'éveil qu'elle a donné, il ne serait pas prisonnier en ce moment.

Une querelle s'engage ; pour y mettre fin, la Reine dit que l'adresse, l'agilité et la grâce décideront la question.

Deux chasseresses veillent à la garde du jeune prisonnier.

Méloé ne doute pas de la victoire.

Les jeux se préparent, et la Reine va s'asseoir sur un tertre élevé : les chasseresses se rangent autour d'elle et se constituent juges du combat.

Brezila, Méloé, Mazila et Zilia vont disputer d'abord le prix de l'adresse, ensuite celui de l'agilité.

L'amour, qui encourage Brezila, lui fait remporter la victoire dans les deux premiers défis. La joie de Zamore est grande; Méloé et ses compagnes ont peine à cacher leur dépit.

Une dernière épreuve va être faite, celle de la danse, entre Brezila, Méloé et Mazila; Zilia recule devant la honte d'une troisième défaite, et refuse de se mesurer avec elles.

Brezila, à qui l'amour prête ses ailes, s'élève, et dans son brillant essor l'emporte sur ses deux rivales.

La Reine la félicite de sa victoire, et lui dit que l'esclave reste sous sa garde.

Méloé se plaisait à l'idée d'avoir Zamore pour esclave; son émotion trahit les sentimens qui l'agitent.

Tel n'était pas le motif pour lequel Brezila désirait le succès; quel que soit son amour, elle en fait le sacrifice; elle détache les liens de Zamore : vous êtes libre, lui dit-elle; partez, retournez dans vos foyers!

La surprise est générale.

Désespérée, Méloé fait entendre à la Reine que Brezila les trahit, en accordant la liberté à Zamore. A présent qu'il connait notre retraite, ajoute-t-elle, qui l'empêchera de revenir avec ses compagnons? Notre salut dépend de sa captivité; il faut qu'il reste prisonnier parmi nous.

La Reine hésite encore : laissez-moi libre d'agir, dit Méloé; j'assurerai le repos de notre peuplade! et sans attendre l'autorisation de la Reine, elle court donner le mot d'ordre à plusieurs de ses compagnes.

Cependant Brezila résiste aux prières de Zamore, qui finit par l'entraîner avec lui.

Méloé, Mazila et plusieurs de leurs compagnes, leur interceptent le passage en leur signifiant que tous deux resteront prisonniers.

Surprise de Brezila et de Zamore. Elle court demander à la Reine le motif de ce nouvel ordre.

La Reine refuse de l'entendre. Les amies de Brezila joignent leurs questions aux siennes; la Reine reste sourde et ordonne à Méloé de se saisir de Zamore, et à Mazila de retenir Brezila.

Ses compagnes s'y opposent et l'entourent pour la défendre.

Zamore, furieux et menaçant, saisit son casse-tête et son bouclier; il s'avance au-devant de Méloé et des chasseresses qui veulent arrêter sa marche.

Brezila, craignant pour les jours de son ami, a encore recours à la prière. La Reine lui signifie que Zamore restera esclave sous la surveillance de Méloé.

N'écoutant plus que son amour, Zamore court à Brezila et l'entraîne : ses amies la suivent. Zamore les remercie et leur propose de partager leur sort, toutes acceptent.

Furieuse de voir son autorité méconnue, la Reine prend une flèche dans le carquois d'une femme qui se trouve près d'elle, et la lance à Brezila.

Zamore a vu le trait partir ; il pare le coup ; la flèche vient se planter dans son bouclier.

Il s'élance pour venger Brezila, celle-ci l'arrête, et demande grâce pour la Reine. Je cède à tes prières, lui dit-il ! mais il faut partir.

Les compagnes de Brezila font le serment de ne point la quitter.

Pressée par son amant et par ses amies, elle se laisse entraîner.

Avant de s'éloigner, Zamore propose à la Reine de partir avec eux, en lui promettant qu'elle sera toujours leur souveraine.

Celle-ci hésite un instant ; mais ses yeux s'étant portés sur le tombeau de son époux, sa haine se rallume et sa fierté s'indigne d'une pareille proposition.

Elle rappelle avec indignation à leur devoir, à leur serment, les femmes qui veulent l'abandonner.

Elle veut en vain s'opposer à leur départ; plus nombreuses que celles qui lui sont restées fidèles, les amies de Brezila battent en retraite, en gravissant à reculons les rochers d'où elles menacent de leurs flèches la Reine et Méloé.

La Reine, dont le courage est abattu par cette désertion, est soutenue par la furieuse Méloé, qui s'indigne de voir le bonheur de sa rivale triompher.

www.ingramcontent.com/pod-product-compliance
Lightning Source LLC
Chambersburg PA
CBHW070500080426
42451CB00025B/2959